*Vente du Samedi 18 Mars 1882,*

HOTEL DROUOT, SALLE N° [illegible].

BELLE COLLECTION

DE

# PORCELAINES

ANCIENNES

# DE LA CHINE

---

EXPOSITIONS

*PARTICULIÈRE* : Le Jeudi 16 Mars 1882 ;

*PUBLIQUE* : Le Vendredi 17 Mars 1882 ;

DE UNE HEURE A CINQ HEURES.

---

COMMISSAIRE-PRISEUR

Me PAUL CHEVALLIER, Succr de Me CHARLES PILLET

10, RUE DE LA GRANGE-BATELIÈRE, 10

EXPERT

M. CHARLES MANNHEIM, 7, rue Saint-Georges

# CATALOGUE

D'UNE BELLE COLLECTION DE

# PORCELAINES

## ANCIENNES

## DE LA CHINE

GRAND ET BEAU VASE A DÉCOR DE LA FAMILLE VERTE SUR FOND NOIR

Vases décorés en émaux de la famille verte ;
Vases en céladon bleu turquoise ; belles Jardinières ;
Grandes et belles Chimères ;
Beaux et grands Plats décorés en émaux de la famille rose
et en émaux de la famille verte ;
Coupes ; Bols ; Théières, etc. ; Vase et Buire en jade vert ;
Brûle-parfums en bronze ; Objets variés.

DONT LA VENTE AURA LIEU

HOTEL DROUOT, SALLE N° 3

**LE SAMEDI 18 MARS 1882**

A DEUX HEURES

COMMISSAIRE-PRISEUR

Me PAUL CHEVALLIER, Succr de Me CHARLES PILLET
10, rue de la Grange-Batelière

EXPERT

M. CHARLES MANNHEIM, 7, rue Saint-Georges.

*Chez lesquels se trouve le présent Catalogue.*

## EXPOSITIONS

PARTICULIÈRE : Le Jeudi 16 Mars 1882 ;
PUBLIQUE : Le Vendredi 17 Mars 1882 ;
De une heure à cinq heures.

# CONDITIONS DE LA VENTE

Elle sera faite au comptant.

Les adjudicataires payeront cinq pour cent en sus de enchères.

L'Exposition mettant le public à même de se rendre compte de l'état des objets, il ne sera admis aucune réclamation une fois l'adjudication prononcée.

Paris. — Typ. PILLET et DUMOULIN, 5, rue des Grands-Augustins.

# DÉSIGNATION DES OBJETS

---

## PORCELAINES DE CHINE

1 — Grand et beau vase en ancienne porcelaine de Chine, à panse carrée et gorge ronde, décoré de fleurs en émaux de la famille verte sur *fond noir*. Qualité rare.

Haut., 66 cent.

2 — Deux grandes et belles chimères assises en ancienne porcelaine de Chine, décorées en émaux de la famille verte, sur socles adhérents de forme oblongue à double losange réservé en biscuit en relief sur chacune de leurs faces. Une des chimères pose une patte sur une boule, l'autre est accompagnée d'une petite chimère.

Haut., 54 cent.

3 — Deux vases en forme de balustre carré en ancienne porcelaine de Chine à personnages et

attributs en haut-relief et à décors en émaux de la famille verte.

Haut., 50 cent.

4 — Deux vases en forme de balustre en ancienne porcelaine de Chine décorés de fleurs et d'oiseaux en émaux de la famille verte dans des compartiments encadrés de fleurs arabesques réservées en blanc sur fond rouge brique.

Haut., 43 cent.

5 — Deux jolis vases en ancienne porcelaine de Chine en forme de balustre, à lambrequins bordés de noir et décorés de fleurs arabesques émaillées jaune sur fond vert. Famille verte.

Haut., 38 cent.

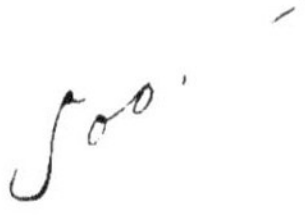

6 — Deux jolis vases en forme de balustre à couvercle en ancienne porcelaine de Chine à feuillages gaufrés en relief et réservés en blanc sur fond bleu à œils-de-perdrix. Dans deux compartiments réserves de paysages et de divinités en camaïeu bleu.

Haut., 48 cent.

7 — Deux cornets de même qualité que les vases qui précèdent et de même décor.

Haut., 38 cent.

8 — Deux belles potiches avec couvercles en ancienne porcelaine de Chine à fond bleu rehaussé de dorure et médaillons ou réserves décorés de paysages et de personnages en émaux de la famille rose. Les couvercles sont surmontés de chimères assises.

Haut., 68 cent.

9 — Deux jolies jardinières rondes et profondes en ancienne porcelaine de Chine décorées de fleurs arabesques et de feuillages en émaux de la famille verte.

Haut., 34 cent.; Diam., 35 cent.

10 — Jardinière de même forme en ancienne porcelaine de Chine décorée de poissons et de plantes aquatiques en émaux de la famille verte.

Haut., 34 cent.; Diam., 35 cent.

11 — Deux grandes jardinières carrées à angles coupés et à pourtour profilé, en ancienne porcelaine de Chine, décorées de fleurs et d'ornements en émaux de la famille rose. Le bord plat supérieur présente huit réserves de fleurs et de paysages sur fond clathré au trait.

Haut., 34 cent.; Diam., 49 cent.

12 — Deux jardinières de forme sphérique en ancienne porcelaine de Chine décorées de fleurs aquatiques et de poissons en émaux de couleurs.

Haut., 34 cent.; Diam., 44 cent.

13 — Joli vase en forme de rouleau en ancienne porcelaine de Chine décoré d'un sujet familier en émaux de la famille verte; composition d'un grand nombre de figures.

Haut., 48 cent.

14 — Autre joli vase en forme de rouleau en ancienne porcelaine de la Chine décoré en émaux de la famille verte à réserves de fleurs et d'attributs sur fond clathré d'émail vert.

Haut., 46 cent.

15 — Autre joli vase en forme de rouleau en ancienne porcelaine de Chine décoré d'une réception impériale en émaux de la famille verte.

Haut., 46 cent.

16 — Joli vase pouvant faire pendant à celui qui précède et offrant un décor analogue.

Haut., 46 cent.

17 — Vase en forme de rouleau en ancienne porcelaine de Chine fond bleu fouetté et décor de lambrequins et fleurs arabesques émaillés vert et violet.

Haut., 46 cent.

18 — Vase en forme de rouleau en ancienne porcelaine de Chine, décoré d'une scène de réception impériale en émaux de la famille verte.

Haut., 46 cent.

19 — Joli vase de forme ovoïde allongée avec couvercle en ancienne porcelaine de Chine fond bleu fouetté et réserves de fleurs et attributs en émaux de la famille verte.

Haut., 46 cent.

20 — Vase en forme de balustre carré à gorge ronde, en ancienne porcelaine de Chine décoré en émaux de la famille verte à réserves de fleurs et de paysages et fond vert pointillé rehaussé d'insectes et de fleurs.

Haut., 48 cent.

21 — Autre vase de même forme en ancienne porcelaine de Chine décoré d'animaux dans des paysages en émaux de la famille verte.

Haut., 51 cent.

22 — Autre vase de même forme décoré en émaux de la famille verte à compartiments de fleurs aquatiques et de chimères.

Haut., 51 cent.

23 — Vase de même forme en ancienne porcelaine de Chine décoré d'arbustes et de fleurs en émaux de la famille verte.

Haut., 50 cent.

24 — Deux vases en forme de rouleau en ancienne porcelaine de Chine fond bleu fouetté et décor d'or à paysages.

Haut., 45 cent.

25 — Potiche à couvercle en ancienne porcelaine de Chine décorée de fleurs et d'oiseaux en émaux de la famille verte.

Haut., 40 cent.

26 — Vase carré de plan en ancienne porcelaine de Chine, décoré de jeux d'enfants en émaux de la famille rose, présentant le signe de la longévité découpé à jour, et à deux anses formées de branches de fruits en relief.

Haut., 46 cent.

27 — Vase en forme de balustre carré à gorge ronde en ancienne porcelaine de Chine décoré sur chacune de ses faces d'un paysage gaufré en relief et décoré en bleu, rouge de cuivre et vert d'eau.

Haut., 54 cent.

28 — Vase de même forme en ancienne porcelaine du Japon décoré de fleurs aquatiques et d'oiseaux en bleu, rouge et or.

Haut., 55 cent.

29 — Vase en forme de balustre hexagonal, en ancienne porcelaine de Chine, décoré d'arbustes, de fleurs et d'ornements en émaux de la famille verte.

Haut., 45 cent.

30 — Vase en forme de balustre en ancienne porcelaine de Chine, décoré de rochers, de fleurs et d'oiseaux en émaux de la famille verte.

Haut., 40 cent.

31 — Vase en forme de cornet à panse renflée de même décor que le vase qui précède.

Haut., 48 cent

32 — Vase de même forme en ancienne porcelaine de Chine, décoré de sujets familiers en émaux de la famille verte.

Haut., 48 cent.

33 — Vase à panse ovoïde allongée et à gorge en ancienne porcelaine de Chine, décoré de guerriers et de cavaliers combattant, en émaux de la famille verte.

Haut., 44 cent.

34 — Vase en forme de balustre en ancienne porcelaine de Chine, décoré d'un sujet familier et d'oiseaux en émaux de la famille rose.

Haut., 45 cent.

35 — Cornet en ancienne porcelaine de Chine, décoré de fleurs et d'oiseaux en émaux de la famille rose. Haut et bas, bordures d'ornements à fond noir.

Haut., 48 cent.

36 — Vase en forme de balustre en ancienne porcelaine de Chine, décoré de fleurs, d'oiseaux et d'insectes en émaux de la famille rose avec bordure d'entre-deux, émaillée à fond jaune.

Haut., 36 cent.

37 — Vase en forme de cornet à panse renflée, en ancienne porcelaine de Chine, décoré de fleurs et d'ornements en émaux de la famille rose sur fond rose, rehaussé de bleu.

Haut., 37 cent.

38 — Deux cornets à panse renflée en ancienne porcelaine de Chine, décorés de fleurs et d'ornements sur fond émaillé rose.

Haut., 45 cent.

39 — Deux vases de même forme, fond bleu fouetté et décor d'or, paysages et inscriptions.

Haut., 45 cent.

40 — Deux vases en forme de bouteille à long col droit, en ancienne porcelaine de Chine, fond bleu fouetté, avec réserves de fleurs.

Haut., 46 cent.

41 — Vase en forme de cornet à panse renflée, en vieux Chine, décoré en rouge de fer et à médaillons de paysages en émaux de la famille verte.

Haut., 45 cent.

42 — Vase en forme de rouleau de même décor que celui des vases qui précèdent.

Haut., 40 cent.

43 — Vase en forme de cornet, à panse renflée de même décor.

Haut., 47 cent.

44 — Vase en forme de bouteille, à panse surbaissée, en ancienne porcelaine de Chine, décoré de paysages montagneux en camaïeu bleu.

Haut., 4[illegible] cent.

45 — Très curieux vase en forme de potiche à couvercle, en ancienne porcelaine de Chine, à double paroi, l'une d'elles découpée à jour et émaillée bleu turquoise et violet. Il est décoré de personnages et de fleurs gaufrés en relief.

Haut., 46 cent.

46 — Grand vase en forme de cornet, à panse renflée, en ancienne porcelaine de Chine, couvert de fleurs arabesques en camaïeu bleu.

Haut., 74 cent.

47 — Grand vase de forme analogue, en ancienne porcelaine de Chine, gaufrée à ornements et réserves de formes variées, décorées de paysages et d'attributs en camaïeu bleu.

Haut., 70 cent.

48 — Vase en forme de balustre élancé en ancienne porcelaine de Chine, décoré de dragons chimériques et d'ornements dorés.

Haut., 51 cent.

49 — Deux potiches avec couvercle, en ancienne porcelaine de Chine, à fond émaillé rose et décorées de fleurs et d'ornements en couleur.

Haut., 44 cent.

50 — Deux autres potiches, avec couvercle, en ancienne porcelaine de Chine, décorées de larges fleurs arabesques, en rouge de cuivre sur fond bleu et de médaillons de personnages de même décor.

Haut., 44 cent.

51 — Deux autres potiches avec couvercle, en ancienne porcelaine de Chine, à décor de fleurs arabesques et d'ornements en bleu sur blanc.

Haut., 44 cent.

52 — Vase rouleau, en ancienne porcelaine de Chine, décoré de figures de guerriers dans un paysage et d'ornements au col, le tout en camaïeu bleu.

Haut., 44 cent.

53 — Cornet à panse renflée, en ancienne porcelaine de Chine, décoré de fleurs arabesques, en camaïeu bleu.

Haut., 45 cent.

54 — Deux jolis petits vases en vieux chine, en forme de balustre hexagonal, à grilles réticulées à jour et émaillées vert, avec réserves en forme de vases à décor polychrome et or.

Haut., 31 cent.

55 — Vase en forme de balustre, en céladon bleu turquoise uni, sur pied en bois sculpté.

Haut., sans le socle, 35 cent.

56 — Vase en forme de balustre, à panse sphérique, en céladon bleu turquoise marbré de bleu foncé.

Haut., 35 cent.

57 — Vase en forme de balustre à deux anses, en céladon bleu empois gaufré à ornements.

Haut., 36 cent.

58 — Vase en forme de balustre carré et aplati, en ancienne porcelaine de Chine, décoré de sujets familiers et d'ornements en émaux de la famille rose.

Haut., 36 cent.

59 — Écran, formé d'une plaque de porcelaine, décorée de figures dans un paysage. Monture en bois.

Haut. totale, 58 cent.

60-63 — Six petits vases modèle rouleau en ancienne porcelaine de Chine, décorés de sujets familiers en émaux de la famille verte. Ce lot sera divisé.

Haut., 28, 27 et 20 cent.

64 — Jardinière ronde et profonde en vieux chine, décorée de chimères en émaux de la famille verte.

Haut., 18 cent.; Diam., 21 cent.

65 — Jardinière cylindrique en ancienne porcelaine de Chine, décorée de sujets familiers en émaux de la famille verte.

Haut., 15 cent.; Diam., 17 cent.

66 — Jardinière de même forme en vieux chine, émaillée bleu fouetté.

Haut., 16 cent.; Diam., 18 cent.

67 — Jardinière de forme ronde et surbaissée en ancienne porcelaine de Chine à fond jaune, décorée de fleurs et d'ornements en émaux de la famille rose.

Haut., 15 cent.; Diam., 23 cent.

68 — Jardinière de forme surbaissée en vieux chine, décorée de sujets familiers en émaux de la famille rose.

Haut., 12 cent.; Diam., 25 cent.

69 — Vase cylindrique simulant un rouleau, en ancienne porcelaine de Chine, à fond gris à reflets métalliques, et décoré d'une figure et d'inscriptions en camaïeu noir.

Haut., 27 cent.

70 — Pitong cylindrique en vieux chine décoré de chimères et de fleurs en émaux de la famille verte.

Haut., 13 cent.

71 — Pitong de même forme, en céladon violet marbré de bleu turquoise.

Haut., 12 cent.

72 — Autre pitong en porcelaine de Chine composé de chimères et de nuages gaufrés en relief et émaillés jaune sur fond découpé.

Haut., 12 cent.

73 — Deux petits pitongs simulant deux feuilles roulées et nouées, en porcelaine de Chine marbrée, et à fond rouge rehaussé de dorures.

Haut., 9 cent.

74 — Support de vase à cinq montants en vieux Chine décoré en émaux de la famille verte.

75 — Jolie petite boîte carrée en vieux chine décorée d'attributs en émaux de la famille verte sur fond à rosaces rouges dessinées au trait ; sur pied en bois.

Diam., 8 cent.

76 — Deux jolies chimères assises, en ancienne porcelaine de Chine, décorées en émaux de la famille verte.

Haut., 20 cent.

77 — Vase en forme de balustre à quatre anses en céladon bleu empois et caractères gaufrés en relief et réservés en blanc.

Haut., 50 cent.

78 — Deux petits vases en forme de gourde, en ancienne porcelaine de Chine, décorés de fleurs arabesques en émaux de la famille verte.

Haut., 24 cent.

79 — Petit vase en forme de balustre, en porcelaine de Chine, décoré d'un dragon rouge.

Haut., 24 cent.

80 — Petite gourde incomplète en vieux chine fond bleu fouetté et réserves décorées de fleurs en émaux de la famille verte.

Haut., 18 cent.

81 — Petit vase en forme de balustre carré, à deux anses en céladon bleu turquoise uni.

Haut., 24 cent.

82 — Autre petit vase, en forme de balustre, en céladon bleu turquoise uni.

Haut., 24 cent.

83 — Petit vase en forme de balustre en céladon bleu empois, à ornements gaufrés sous émail.

Haut., 24 cent.

84 — Petit vase en forme de balustre renversé, en céladon bleu empois décoré de dragons et de paons bleus.

Haut., 21 cent.

85 — Deux petites jardinières de forme sphérique à décors variés.

Haut., 10 cent.

86 — Vase balustre en vieux chine craquelé gris, avec réserves d'ornements en relief émaillés brun.

Haut., 25 cent.

87 — Vase en forme de balustre carré à deux anses en porcelaine de Chine, émaillé rouge sang de bœuf.

Haut., 25 cent.

88 — Petit vase balustre en porcelaine de Chine, fond bleuté et zones d'ornements émaillés vert.

Haut., 20 cent.

89 — Vase balustre marbré de jaune, de vert et de brun.

Haut., 23 cent.

90 — Petit vase forme bouteille décoré d'un sujet familier en émaux de la famille rose.

Haut., 17 cent.

91 — Deux petits vases de formes variées en porcelaine de Chine soufflée bleu.

Haut., 19 et 18 cent.

92 — Deux petits cornets décorés de fleurettes en émaux de la famille verte.

Haut., 17 cent.

93 — Deux petits vases émaillés bleu uni, variés de forme.

Haut., 15 cent.

94 — Petit vase en porcelaine de Chine, fond bleu clair et fleurs émaillées.

Haut., 18 cent.

95 — Petit tabouret hexagone en porcelaine de Chine, décoré de rosaces en couleurs et à compartiments découpés à jour à fond bleu clair.

Haut., 21 cent.

96 — Groupe en porcelaine de Chine à décor polychrome. Confucius assis sur un cerf couché.

Haut., 42 cent.

97 — Personnage assis, divinité bouddhique en porlaine de Chine ; ses vêtements sont finement décorés sur fond bleu clair. Sur socle en bois sculpté.

Haut., sans le socle, 27 cent.

98 — La déesse Kouan-In, en porcelaine blanche de la Chine.

Haut., 35 cent.

99 — Vase en forme de gourde aplatie, décorée à l'imitation du bronze.

Haut., 30 cent.

100 — Coupe couverte sur piédouche en porcelaine de Chine gaufrée et émaillée bleu uni.

Haut., 28 cent.

101 — Vase en forme de balustre à dragons gaufrés en relief, en porcelaine blanche de la Chine.

Haut., 38 cent.

102 — Vase en forme de bouteille en porcelaine de Chine émaillée bleu uni.

Haut., 33 cent.

103 — Vase en forme de balustre en porcelaine de Chine à décor bleu, fleurs, arbustes et ornements.

Haut., 32 cent.

104 — Vase en forme de balustre à côtes, en porcelaine de Chine, décoré d'arbustes, de fleurs et d'oiseaux sur fond vert d'eau.

Haut., 34 cent.

105 — Deux vases en forme de bouteille à panse sphérique et col droit, en céladon vert d'eau, et dragons entourant le col.

Haut., 34 cent.

106 — Vase en forme de balustre à deux anses dragons, en ancienne porcelaine craquelée gris de la Chine.

Haut., 35 cent.

107 — Autre vase en ancienne porcelaine craquelée gris de la Chine, en forme de balustre à deux anses.

Haut., 35 cent.

108 — Garniture de cinq vases : trois potiches et deux cornets, en terre rouge de Boccaro, à fleurs et ornements en relief.

Haut., 32 cent.

## PLATS

109 — Très grand et beau plat en ancienne porcelaine de Chine à riche décor en émaux de la famille verte représentant le départ de cavaliers pour la promenade. Le marli, à fond rose, est décoré de rosaces et de fleurs.

Diam., 55 cent.

110 — Plat rond sans bord en ancienne porcelaine de Chine décoré en émaux de la famille verte. Chevaux se jouant dans les flots.

Diam., 38 cent.

111 — Plat rond en ancienne porcelaine de Chine, émaillé vert d'eau à l'extérieur et décoré de poissons en bleu et rouge de cuivre à l'intérieur.

Diam., 44 cent.

112 — Plat rond en ancienne porcelaine de Chine décoré en émaux de la famille verte. Au fond, un char traîné par un cerf et accompagné par deux personnages. A l'extérieur, grand nombre de caractères en rouge de fer.

Diam., 40 cent.

113 — Plat rond en ancienne porcelaine de Chine décoré en émaux de la famille verte et représentant un sujet familier dans un intérieur rustique.

Diam., 33 cent.

114 — Joli plat rond en ancienne porcelaine de Chine décoré en émaux de la famille verte. Au centre, groupe de chimères dans un paysage. Au marli, compartiments de paysages sur fond à rosaces.

Diam., 35 cent.

115 — Plat rond en ancienne porcelaine de Chine décoré en émaux de la famille rose; corbeille de fleurs et ornements.

Diam., 35 cent.

116 — Plat rond en ancienne porcelaine de Chine à décor bleu, larges fleurs arabesques à l'extérieur et à l'intérieur.

Diam., 38 cent.

117 — Plat rond analogue à celui qui précède.

Diam., 38 cent.

118 — Plat rond décoré de branches de pêchers en bleu et rouge de cuivre.

Diam., 34 cent.

119 — Plat rond en ancienne porcelaine de Chine décoré en émaux de la famille verte; rochers, arbustes, fleurs et oiseaux.

Diam., 275 mill.

120 — Petit plat rond en ancienne porcelaine de Chine fond rouge d'or à l'extérieur et décoré d'un sujet familier et de fleurs.

Diam., 24 cent.

121 — Deux compotiers en ancienne porcelaine de Chine fond bleu fouetté et réserves de fleurs.

Diam., 21 cent.

122 — Compotier en ancienne porcelaine de Chine marbré d'émail vert, jaune et brun.

Diam., 21 cent.

123 — Plateau ménagère composé de dix-neuf pièces en ancienne porcelaine de Chine décorées de fleurs sur fond émaillé vert uni.

## COUPES, BOLS, TASSES ET THÉIÈRES

124 — Coupe ou bol en ancienne porcelaine de Chine, décoré de fleurs et d'ornements en émaux de la famille verte.

Haut., 14 cent.; Diam., 29 cent.

125 — Deux coupes en ancienne porcelaine de Chine décorées de branches de fleurs gravées et émaillées en couleurs sur fond brun.

Diam., 19 cent.

126 — Deux petites coupes rondes en vieux chine décorées de vases et attributs divers en émaux de la famille verte.

Diam., 15 cent.

127 — Deux petits bols en pocelaine de Chine fond bleu empois et décor de dragons bleus.

Diam., 15 cent.

128 — Deux jolies coupes rondes à côtes en ancienne porcelaine de Chine décorées de chimères, de fleurs et d'ornements en émaux de la famille verte.

Diam., 20 cent.

129 — Quatre bols en deux dimensions en porcelaine craquelée gris de la Chine à attributs émaillés.

130 — Deux bols en vieux japon à décor de fleurs et ornements en bleu rouge et or.

Diam., 20 cent.

131 — Deux bols en ancienne porcelaine de Chine fond bleu fouetté et inscriptions dorées.

Diam., 16 cent.

132 — Deux bols en porcelaine de Chine à fond blanc couvert de vagues gravées et décorées de figures finement émaillées. Epoque de Kien-Long.

Diam., 16 cent.

133 — Cuvette à deux anses et à couvercle en ancienne porcelaine de Chine fond bleu fouetté et réserves de fleurs.

134 — Petite coupe en ancienne porcelaine de Chine à bâtons rompus en relief et médaillons de paysages décorés en camaïeu bleu.

135 — Jolie tasse avec soucoupe en porcelaine mince de la Chine fond rouge d'or et décor de papillons.

136 — Tasse haute à anse avec soucoupe en ancienne porcelaine de Chine fond carmin et réserves de fleurs et ornements émaillés en couleurs.

137 — Tasse à anse en porcelaine de Chine émaillée vert camélia craquelé.

138 — Petite coupe de sacrifice à anse double dragon en céladon bleu turquoise uni.

139 — Théière en forme de pêche en céladon violet avec anse, goulot et feuillages émaillés bleu turquoise.

140 — Théière à anse surélévée en céladon bleu turquoise uni.

141 — Deux théières en ancienne porcelaine de Chine décorées de fleurs, d'oiseaux et d'attributs en émaux de la famille verte.

142 — Théière à anse surélevée en porcelaine de Chine soufflée bleu.

143 — Théière en forme de pêche en céladon vert d'eau et rouge de cuivre.

144 — Petite buire à anse en porcelaine de Chine décorée d'attributs émaillés en couleur.

Haut., 20 cent.

145 — Deux théières formées chacune d'une poule couchée décorée en émaux de la famille verte.

146 — Deux soucoupes décorées de chevaux dans des paysages. Époque de Kien-Long.

Diam., 15 cent.

## OBJETS VARIÉS

147 — Théière en forme de buire en jade vert gravé à figures et fleurs.

Haut., 24 cent.

148 — Cornet à panse renflée en jade vert, décoré d'ornements et de fleurs en relief.

Diam., 24 cent.

149 — Deux petits plateaux ronds à lobes en ancien émail de Canton décorés au fond de paysages avec personnages et à bords jaunes rehaussés de fleurs.

Haut., 26 cent.

150 — Brûle-parfums oblong avec couvercle et socle en bronze, couvert de dragons en relief.

Haut., sans socle, 23 cent.

151 — Autre brûle-parfums de forme oblongue en bronze clair, décoré de dragons en relief et à couvercle découpé à jour. Socle en bois sculpté.

Diam., 35 cent.

152 — Boite ronde et plate en laque rouge ciselé de Pékin portant l'emblème du bonheur, des fleurs, et des ornements sur fond vert.

Haut., 21 cent.

153 — Beau vase en forme de balustre aplati à deux anses garnies d'anneaux mouvants. La panse et le couvercle sont ornés d'ornements gravés.

Haut., 27 cent.

---

www.ingramcontent.com/pod-product-compliance
Ingram Content Group UK Ltd.
Pitfield, Milton Keynes, MK11 3LW, UK
UKHW022145260726
13993UKWH00005B/2162

9 782329 541471